discover

THIS PLANNER BELONGS TO

_____

SCHOOL _____

GRADE _____ ROOM _____

ADDRESS _____

_____

PHONE _____

achieve

CONTACTS AND VOLUNTEERS

NAME

CONTACT INFO

SCHEDULE

SCHOOL BEGINS: _____

LUNCH: _____ RECESS: _____

SPECIALS: _____

_____

SCHOOL ENDS: _____

NEED HELP?

RELIABLE STUDENTS: _____

TEACHERS: _____

PRINCIPAL: _____

VICE PRINCIPAL: _____

OTHER STAFF: _____

SPECIAL SCHEDULES

NAME	TIME/LOCATION
_____	_____
_____	_____
_____	_____
_____	_____
_____	_____

ADDITIONAL NOTES

_____
_____
_____
_____
_____
_____

3

COMMUNICATION LOG

DATE	TYPE	NAME	PURPOSE	NOTES
	📱 @ 📋 👥			
	📱 @ 📋 👥			
	📱 @ 📋 👥			
	📱 @ 📋 👥			
	📱 @ 📋 👥			
	📱 @ 📋 👥			
	📱 @ 📋 👥			
	📱 @ 📋 👥			
	📱 @ 📋 👥			
	📱 @ 📋 👥			
	📱 @ 📋 👥			
	📱 @ 📋 👥			
	📱 @ 📋 👥			
	📱 @ 📋 👥			
	📱 @ 📋 👥			
	📱 @ 📋 👥			
	📱 @ 📋 👥			
	📱 @ 📋 👥			
	📱 @ 📋 👥			
	📱 @ 📋 👥			
	📱 @ 📋 👥			
	📱 @ 📋 👥			
	📱 @ 📋 👥			
	📱 @ 📋 👥			
	📱 @ 📋 👥			
	📱 @ 📋 👥			

COMMUNICATION LOG

DATE	TYPE	NAME	PURPOSE	NOTES
	📱 @ 📋 👥			
	📱 @ 📋 👥			
	📱 @ 📋 👥			
	📱 @ 📋 👥			
	📱 @ 📋 👥			
	📱 @ 📋 👥			
	📱 @ 📋 👥			
	📱 @ 📋 👥			
	📱 @ 📋 👥			
	📱 @ 📋 👥			
	📱 @ 📋 👥			
	📱 @ 📋 👥			
	📱 @ 📋 👥			
	📱 @ 📋 👥			
	📱 @ 📋 👥			
	📱 @ 📋 👥			
	📱 @ 📋 👥			
	📱 @ 📋 👥			
	📱 @ 📋 👥			
	📱 @ 📋 👥			
	📱 @ 📋 👥			
	📱 @ 📋 👥			
	📱 @ 📋 👥			
	📱 @ 📋 👥			
	📱 @ 📋 👥			
	📱 @ 📋 👥			

follow YOUR notes

PLAN IT

JULY

AUGUST

SEPTEMBER

OCTOBER

NOVEMBER

DECEMBER

JANUARY

FEBRUARY

MARCH

APRIL

MAY

JUNE

JULY

SUNDAY	MONDAY	TUESDAY	WEDNESDAY

THURSDAY	FRIDAY	SATURDAY	HAVE TO DO
			○ _____
			○ _____
			○ _____
			○ _____
			○ _____
			○ _____
			○ _____
			○ _____
			○ _____
			○ _____
			○ _____
			NOTES

PSST! USE THESE GUIDES TO KEEP YOUR TABS PERFECTLY PLACED.

AUGUST

SUNDAY	MONDAY	TUESDAY	WEDNESDAY

THURSDAY	FRIDAY	SATURDAY	HAVE TO DO
			○
			○
			○
			○
			○
			○
			○
			○
			○
			○
			○
			○
			○

NOTES

SEPTEMBER

Say yes to something new!

SUNDAY	MONDAY	TUESDAY	WEDNESDAY

THURSDAY	FRIDAY	SATURDAY	HAVE TO DO
			○ _____
			○ _____
			○ _____
			○ _____
			○ _____
			○ _____
			○ _____
			○ _____
			○ _____
			○ _____
			○ _____
			NOTES
			_____
			_____
			_____
			_____
			_____
			_____
			_____
			_____
			_____
			_____
			_____

OCTOBER

SUNDAY	MONDAY	TUESDAY	WEDNESDAY

THURSDAY	FRIDAY	SATURDAY	HAVE TO DO
			○ _____
			○ _____
			○ _____
			○ _____
			○ _____
			○ _____
			○ _____
			○ _____
			○ _____
			○ _____
			○ _____
			NOTES

NOVEMBER

strive for progress,
NOT PERFECTION.

SUNDAY	MONDAY	TUESDAY	WEDNESDAY

THURSDAY	FRIDAY	SATURDAY	HAVE TO DO
			○ _____
			○ _____
			○ _____
			○ _____
			○ _____
			○ _____
			○ _____
			○ _____
			○ _____
			○ _____
			○ _____
			NOTES
			_____
			_____
			_____
			_____
			_____
			_____
			_____
			_____

DECEMBER

THE BEST IS YET TO COME!

SUNDAY	MONDAY	TUESDAY	WEDNESDAY
⬡	⬡	⬡	⬡
⬡	⬡	⬡	⬡
⬡	⬡	⬡	⬡
⬡	⬡	⬡	⬡
⬡	⬡	⬡	⬡

THURSDAY	FRIDAY	SATURDAY	HAVE TO DO
			○ _____
			○ _____
			○ _____
			○ _____
			○ _____
			○ _____
			○ _____
			○ _____
			○ _____
			○ _____
			○ _____
			NOTES
			_____
			_____
			_____
			_____

JANUARY

one kind word
CAN CHANGE THE DAY.

SUNDAY	MONDAY	TUESDAY	WEDNESDAY

THURSDAY	FRIDAY	SATURDAY	HAVE TO DO
			○ _____
			○ _____
			○ _____
			○ _____
			○ _____
			○ _____
			○ _____
			○ _____
			○ _____
			○ _____
			○ _____
			NOTES
			_____
			_____
			_____
			_____

FEBRUARY

The best part of teaching
IS THAT IT MATTERS.

SUNDAY	MONDAY	TUESDAY	WEDNESDAY

THURSDAY	FRIDAY	SATURDAY	HAVE TO DO
			○ _____
			○ _____
			○ _____
			○ _____
			○ _____
			○ _____
			○ _____
			○ _____
			○ _____
			○ _____
			○ _____
			NOTES

MARCH

SUNDAY	MONDAY	TUESDAY	WEDNESDAY

THURSDAY	FRIDAY	SATURDAY	HAVE TO DO
			○ _____
			○ _____
			○ _____
			○ _____
			○ _____
			○ _____
			○ _____
			○ _____
			○ _____
			○ _____
			○ _____
			NOTES
			_____
			_____
			_____
			_____
			_____

change the world
ONE CHILD AT A TIME.

SUNDAY	MONDAY	TUESDAY	WEDNESDAY

IMPORTANT DATES
_____
_____
_____
_____
_____

GOALS
_____
_____
_____
_____
_____

THURSDAY	FRIDAY	SATURDAY	HAVE TO DO
			○ _____
			○ _____
			○ _____
			○ _____
			○ _____
			○ _____
			○ _____
			○ _____
			○ _____
			○ _____
			○ _____
			○ _____

NOTES

_____
_____
_____
_____
_____
_____
_____
_____
_____
_____

SPARKLE WHERE YOU STAND!

SUNDAY	MONDAY	TUESDAY	WEDNESDAY

THURSDAY	FRIDAY	SATURDAY	HAVE TO DO
			○ _____
			○ _____
			○ _____
			○ _____
			○ _____
			○ _____
			○ _____
			○ _____
			○ _____
			○ _____
			○ _____
			NOTES

JUNE

SUNDAY	MONDAY	TUESDAY	WEDNESDAY

THURSDAY	FRIDAY	SATURDAY	HAVE TO DO
			○ _____
			○ _____
			○ _____
			○ _____
			○ _____
			○ _____
			○ _____
			○ _____
			○ _____
			○ _____
			○ _____
			NOTES

WEEK

	SUBJECT	SUBJECT	SUBJECT
MON /			
TUE /			
WED /			
THURS /			
FRI /			

	SUBJECT	SUBJECT	SUBJECT

SUBJECT	SUBJECT	SUBJECT	SUBJECT

WEEK

	SUBJECT	SUBJECT	SUBJECT
MON /			
TUE /			
WED /			
THURS /			
FRI /			

SUBJECT	SUBJECT	SUBJECT	SUBJECT

SUBJECT	SUBJECT	SUBJECT

MON
/

TUE
/

WED
/

THURS
/

FRI
/

SUBJECT	SUBJECT	SUBJECT	SUBJECT

WEEK

	SUBJECT	SUBJECT	SUBJECT
MON /			
TUE /			
WED /			
THURS /			
FRI /			

SUBJECT	SUBJECT	SUBJECT	SUBJECT

WEEK

	SUBJECT	SUBJECT	SUBJECT
MON /			
TUE /			
WED /			
THURS /			
FRI /			

SUBJECT	SUBJECT	SUBJECT	SUBJECT

	SUBJECT	SUBJECT	SUBJECT
MON /			
TUE /			
WED /			
THURS /			
FRI /			

SUBJECT	SUBJECT	SUBJECT	SUBJECT

WEEK

	SUBJECT	SUBJECT	SUBJECT
MON /			
TUE /			
WED /			
THURS /			
FRI /			

SUBJECT	SUBJECT	SUBJECT	SUBJECT

WEEK

	SUBJECT	SUBJECT	SUBJECT
MON /			
TUE /			
WED /			
THURS /			
FRI /			

SUBJECT	SUBJECT	SUBJECT	SUBJECT

WEEK

	SUBJECT	SUBJECT	SUBJECT
MON /			
TUE /			
WED /			
THURS /			
FRI /			

SUBJECT	SUBJECT	SUBJECT	SUBJECT

WEEK

	SUBJECT	SUBJECT	SUBJECT
MON /			
TUE /			
WED /			
THURS /			
FRI /			

SUBJECT	SUBJECT	SUBJECT	SUBJECT

WEEK

	SUBJECT	SUBJECT	SUBJECT
MON /			
TUE /			
WED /			
THURS /			
FRI /			

SUBJECT	SUBJECT	SUBJECT	SUBJECT

WEEK #

SUBJECT	SUBJECT	SUBJECT

MON
/

TUE
/

WED
/

THURS
/

FRI
/

SUBJECT	SUBJECT	SUBJECT	SUBJECT

WEEK

SUBJECT	SUBJECT	SUBJECT

MON /

TUE /

WED /

THURS /

FRI /

SUBJECT	SUBJECT	SUBJECT	SUBJECT

SUBJECT	SUBJECT	SUBJECT

MON
/

TUE
/

WED
/

THURS
/

FRI
/

SUBJECT	SUBJECT	SUBJECT	SUBJECT

WEEK

	SUBJECT	SUBJECT	SUBJECT
MON /			
TUE /			
WED /			
THURS /			
FRI /			

SUBJECT	SUBJECT	SUBJECT	SUBJECT

SUBJECT	SUBJECT	SUBJECT

MON /

TUE /

WED /

THURS /

FRI /

SUBJECT	SUBJECT	SUBJECT	SUBJECT

WEEK

	SUBJECT	SUBJECT	SUBJECT
MON /			
TUE /			
WED /			
THURS /			
FRI /			

SUBJECT	SUBJECT	SUBJECT	SUBJECT

WEEK

	SUBJECT	SUBJECT	SUBJECT
MON /			
TUE /			
WED /			
THURS /			
FRI /			

SUBJECT	SUBJECT	SUBJECT	SUBJECT
SUBJECT	SUBJECT	SUBJECT	SUBJECT

WEEK

	SUBJECT	SUBJECT	SUBJECT
MON /			
TUE /			
WED /			
THURS /			
FRI /			

SUBJECT	SUBJECT	SUBJECT	SUBJECT

SUBJECT	SUBJECT	SUBJECT

MON /

TUE /

WED /

THURS /

FRI /

SUBJECT	SUBJECT	SUBJECT	SUBJECT

WEEK

	SUBJECT	SUBJECT	SUBJECT
MON /			
TUE /			
WED /			
THURS /			
FRI /			

SUBJECT	SUBJECT	SUBJECT	SUBJECT

WEEK

	SUBJECT	SUBJECT	SUBJECT
MON /			
TUE /			
WED /			
THURS /			
FRI /			

SUBJECT	SUBJECT	SUBJECT	SUBJECT

WEEK

	SUBJECT	SUBJECT	SUBJECT
MON /			
TUE /			
WED /			
THURS /			
FRI /			

SUBJECT	SUBJECT	SUBJECT	SUBJECT

SUBJECT	SUBJECT	SUBJECT

MON /

TUE /

WED /

THURS /

FRI /

SUBJECT	SUBJECT	SUBJECT	SUBJECT

WEEK

	SUBJECT	SUBJECT	SUBJECT
MON /			
TUE /			
WED /			
THURS /			
FRI /			

SUBJECT	SUBJECT	SUBJECT	SUBJECT

WEEK #

SUBJECT	SUBJECT	SUBJECT

MON
/

TUE
/

WED
/

THURS
/

FRI
/

SUBJECT	SUBJECT	SUBJECT	SUBJECT

WEEK

	SUBJECT	SUBJECT	SUBJECT
MON /			
TUE /			
WED /			
THURS /			
FRI /			

SUBJECT	SUBJECT	SUBJECT	SUBJECT
SUBJECT	SUBJECT	SUBJECT	SUBJECT

SUBJECT	SUBJECT	SUBJECT

MON /

TUE /

WED /

THURS /

FRI /

SUBJECT	SUBJECT	SUBJECT	SUBJECT

WEEK

	SUBJECT	SUBJECT	SUBJECT
MON /			
TUE /			
WED /			
THURS /			
FRI /			

SUBJECT	SUBJECT	SUBJECT	SUBJECT

WEEK

	SUBJECT	SUBJECT	SUBJECT
MON /			
TUE /			
WED /			
THURS /			
FRI /			

SUBJECT	SUBJECT	SUBJECT	SUBJECT

WEEK

	SUBJECT	SUBJECT	SUBJECT
MON /			
TUE /			
WED /			
THURS /			
FRI /			

SUBJECT	SUBJECT	SUBJECT	SUBJECT

SUBJECT	SUBJECT	SUBJECT	SUBJECT

WEEK

	SUBJECT	SUBJECT	SUBJECT
MON /			
TUE /			
WED /			
THURS /			
FRI /			

SUBJECT	SUBJECT	SUBJECT	SUBJECT

WEEK

	SUBJECT	SUBJECT	SUBJECT
MON /			
TUE /			
WED /			
THURS /			
FRI /			

SUBJECT	SUBJECT	SUBJECT	SUBJECT

WEEK

	SUBJECT	SUBJECT	SUBJECT
MON /			
TUE /			
WED /			
THURS /			
FRI /			

SUBJECT	SUBJECT	SUBJECT	SUBJECT

SUBJECT	SUBJECT	SUBJECT

MON /

TUE /

WED /

THURS /

FRI /

SUBJECT	SUBJECT	SUBJECT	SUBJECT

WEEK

	SUBJECT	SUBJECT	SUBJECT
MON /			
TUE /			
WED /			
THURS /			
FRI /			

SUBJECT	SUBJECT	SUBJECT	SUBJECT

WEEK

	SUBJECT	SUBJECT	SUBJECT
MON /			
TUE /			
WED /			
THURS /			
FRI /			

SUBJECT	SUBJECT	SUBJECT	SUBJECT

WEEK

SUBJECT	SUBJECT	SUBJECT

MON
/

TUE
/

WED
/

THURS
/

FRI
/

SUBJECT	SUBJECT	SUBJECT	SUBJECT

WEEK

	SUBJECT	SUBJECT	SUBJECT
MON /			
TUE /			
WED /			
THURS /			
FRI /			

SUBJECT	SUBJECT	SUBJECT	SUBJECT

SUBJECT	SUBJECT	SUBJECT

MON
/

TUE
/

WED
/

THURS
/

FRI
/

SUBJECT	SUBJECT	SUBJECT	SUBJECT

Checklist

NAME

NAME

PSST! CUT THIS SECTION OFF SO YOU ONLY HAVE TO WRITE YOUR CLASS LIST ONCE.

NAME

NAME

checklist

NAME

NAME

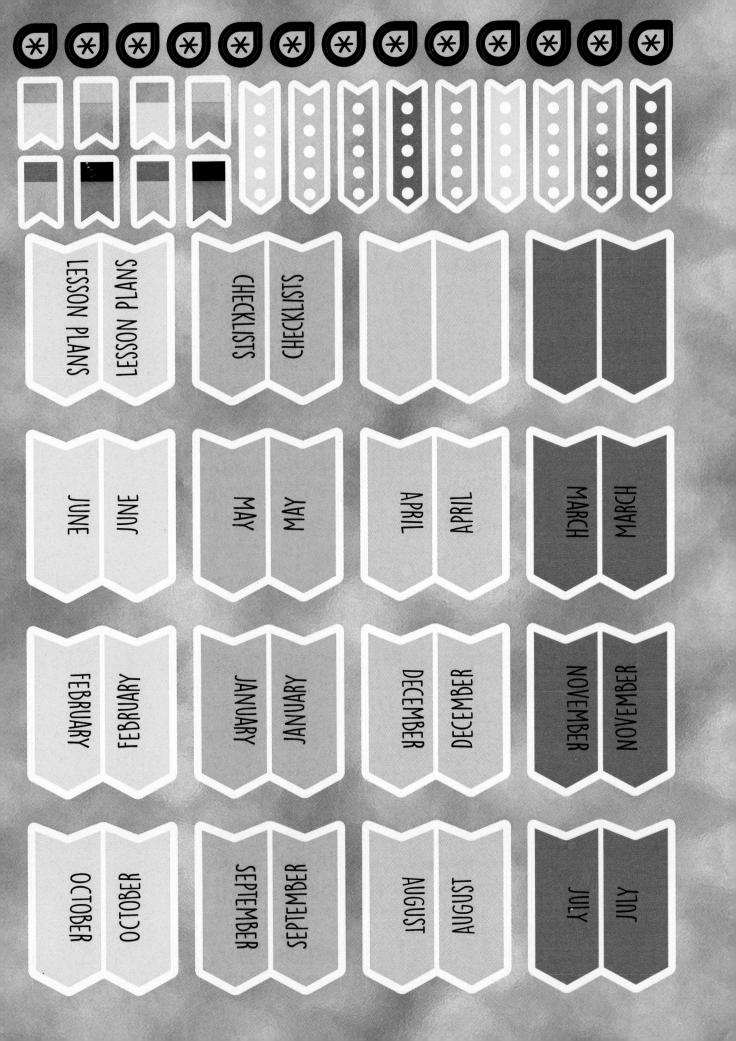